LAURE KIÉ
FOTOS: PATRICE HAUSER

Vegetarisch

INHALT

GRUNDLAGEN

REZEPTE

FRÜHLING

SOMMER

HERBST

WINTER

VORWORT

- Ob Sie überzeugter Vegetarier sind, sich nur teilweise vegetarisch ernähren oder einfach ein vegetarisches Gericht suchen – In diesem Buch finden Sie zahlreiche köstliche Rezepte: schmackhaft, farbenfroh, abwechslungsreich, gesund, ausgewogen und natürlich vollkommen vegetarisch. Vegetarisch essen heißt auch, die Geschmacksnerven aufzufrischen, die häufig durch eine allzu standardisierte Ernährung ermüdet sind. Es heißt, die große Vielfalt vegetarischer Zutaten und ihre authentischen Aromen wiederzuentdecken, die die Natur uns je nach Jahreszeit zur Verfügung stellt. Dieses Buch lädt Sie dazu ein, vegetarisch zu kochen, und zeigt, wie gut die vegetarische Küche für unsere Geschmacksnerven, unsere Gesundheit und unsere Umwelt ist.

- Zwar hat die vegetarische Ernährung in manchen Traditionen immer schon existiert, doch erfreut sie sich heute einer neuen Beliebtheit. Dabei sind die Gründe für eine fleischlose Ernährung vollkommen unterschiedlich: Gesundheits- oder Umweltbewusstsein, Respekt vor dem tierischen Leben oder schlicht ökomonische Gründe.

- Auf jeden Fall aber schenken wir unserer Ernährung mehr Aufmerksamkeit, wenn wir vegetarisch essen. Denn die vegetarische Küche ist eine Quelle der Gesundheit, wenn sie ausgewogen ist.

- Der Schlüssel zu dieser Ausgewogenheit findet sich im Verhältnis der Zutaten zueinander, in ihrer Vielfalt, Frische und Qualität.

- Generell wird das folgende Verhältnis der einzelnen Zutaten empfohlen:

- Getreide (vorzugsweise Vollkorn): 35 – 60 %

- Gemüse: 20 – 25 %

- Hülsenfrüchte: 5 – 15 %

- Früchte und Ölpflanzen: 5 – 15 %

- Eier und Milchprodukte: 0 – 10 %

- Wenn man dieses Verhältnis berücksichtigt, kann man auch ganz auf Fleisch und Fisch verzichten und sich dennoch gesund und ausgewogen ernähren. Das ist auch der Grund, warum die traditionell gesunde kretische Küche oder die Küche Okinawas auch nach Tausenden Jahren noch immer so aktuell ist.

JAHRESZEITENKALENDER FÜR GEMÜSE

FRÜHLING	SOMMER	HERBST	WINTER
Artischocke	Aubergine	Aubergine	Chicorée
Erbse	Artischocke	Brokkoli	Feldsalat
Fenchel	Blumenkohl	Chicorée	Kartoffel
Frühkartoffel	Brokkoli	Feldsalat	Knoblauch
Kohl	Erbse	Fenchel	Kohl
Lauch	Fenchel	Gurke	Kürbis
Mangold	Grüne Bohne	Kartoffel	Lauch
Möhre	Gurke	Knoblauch	Mangold
Pilz	Lauch	Kohl	Möhre
Radieschen	Kartoffel	Kürbis	Pastinake
Rote Bete	Knoblauch	Lauch	Rote Bete
Rübe	Kohlrabi	Mangold	Rübe
Salat	Mais	Möhre	Schalotte
Saubohne	Mangold	Pastinake	Schwarzer Rettich
Schalotte	Möhre	Pilz	Spinat
Spargel	Paprika	Rote Bete	Stangensellerie
Spinat	Radieschen	Rübe	Zwiebel
Stangensellerie	Rote Bete	Salat	
Zucchini	Salat	Schalotte	
Zuckerschote	Sellerie	Sellerie	
Zwiebel	Spinat	Spinat	
	Tomate	Tomate	
	Zucchini	Zucchini	
	Zwiebel	Zwiebel	

JAHRESZEITENKALENDER FÜR OBST

FRÜHLING	SOMMER	HERBST	WINTER
Apfel	Apfel	Apfel	Apfel
Erdbeere	Aprikose	Birne	Birne
Grapefruit	Birne	Clementine	Clementine
Himbeere	Blaubeere	Feige	Grapefruit
Kirsche	Brombeere	Grapefruit	Kiwi
Mandarine	Erdbeere	Kaki	Mandarine
Rhabarber	Feige	Kastanie	Orange
Zitrone	Himbeere	Kiwi	Zitrone
	Johannisbeere	Mandarine	
	Kirsche	Orange	
	Melone	Quitte	
	Pfirsich/Nektarine	Traube	
	Pflaume/Zwetschge		

HAUSGEMACHTE GEMÜSEBRÜHE

In der Küche werden häufig Brühwürfel verwendet, doch eine hausgemachte Brühe sorgt für einen besseren Geschmack. Außerdem dient sie als Grundlage für sehr viele Gerichte: für Suppen, für Cremes, für Nudelsaucen, für Eintöpfe oder Gratins ...

Für 2 l Gemüsebrühe

2 Lauchstangen | 2 Möhren | 1 weiße Rübe | 1 Bund Kräuter (Petersilie, Lorbeer, Thymian und Rosmarin) | 6 Pfefferkörner | 8 Korianderkörner | 3 Gewürznelken | Salz | 2 l Wasser

- Das Gemüse waschen und in Stücke schneiden (Bio-Gemüse muss nicht geschält werden).
- Das Gemüse mit Kräutern und Gewürzen in einen großen Topf geben und mit 2 Litern Wasser übergießen.
- Aufkochen und etwa 1 Stunde zugedeckt köcheln. Die Brühe abkühlen lassen, wenn sie nicht sofort verwendet wird.
- Die Brühe durch ein Sieb filtern. Das Gemüse kann aufbewahrt und beispielsweise mit einem Pesto gegessen werden (siehe Rezepte S. 10).
- Die Brühe in ein Einmachglas gießen (überschüssige Brühe einfrieren). Im Glas bleibt sie 5 Tage frisch.

Variante: Mediterrane Brühe

1 Zucchini | 1 Möhre | 1 Stück Sellerie | 1 Tomate | 1 Schuss Olivenöl | 1 geschälte Zwiebel | 1 Bund Kräuter | 4 Pfefferkörner | 2 Knoblauchzehen | Salz

- Das Gemüse grob würfeln und mit Olivenöl in einen großen Topf geben. Bei schwacher Hitze einige Minuten dünsten. Mit 2 Litern Wasser übergießen und kochen wie oben angegeben.

Tipp: Fügen Sie fermentiertes Gemüse einem Salat bei, legen Sie es auf Sandwiches oder servieren Sie es als Beilage zu einem Müsli.

GEMÜSE SELBST FERMENTIEREN

Die milchsaure Fermentation ermöglicht es, Gemüse in einer Salzlake zu konservieren. Die grundlegenden Vorteile liegen darin, dass die im Gemüse enthaltenen Nährstoffe und Vitamine erhalten bleiben oder sogar vermehrt werden und das Gemüse leichter verdaulich ist. Am bekanntesten ist in diesem Zusammenhang das Sauerkraut.

Für 1 Glas à 500 g

1 verschließbares Einmachglas | 200 ml Wasser | 1 TL Salz | ½ Bund Radieschen (oder ein anderes Gemüse)

- Das Einmachglas mit Deckel zum Sterilisieren in kochendes Wasser tauchen und auf einem sauberen Tuch abtropfen lassen.
- 200 ml Wasser aufkochen und abkühlen lassen. Das Salz einrühren. Die Radieschen waschen und in das Einmachglas füllen. Das Gemüse mit dem Salzwasser bedecken und den Deckel auflegen, jedoch nicht verschließen.
- 3 Tage in einer warmen (etwa 20 °C) und dunklen Umgebung ruhen lassen.
- Das Glas luftdicht verschließen und an einem kühlen Ort (12–15 °C) vor dem Verzehr etwa 3 Wochen stehen lassen.
- Variieren Sie verschiedene Geschmacksrichtungen: (Gurke + Anis, Rote Bete + Koriander, Aubergine + Knoblauch …).

DIE WÜRZEN

Würzen bestimmen den Geschmack eines Gerichts. Man gibt sie häufig einem Dressing bei, etwa einem Korianderpesto (siehe Rezept S. 10), kann sie aber auch als Brotaufstrich verwenden oder zu Gemüse bzw. Getreide genießen. Sie sind eine wunderbare Alternative zum Salz (etwa das Gomashio, eine Mischung aus Salz und Sesam, durch die das Salz vom Organismus besser aufgenommen werden kann).

FEIGENCHUTNEY

Für 150 g Chutney

120 g getrocknete Feigen | ½ Zwiebel | 1 Schuss Olivenöl | 1 EL Honig | ½ TL Ingwerpulver | 1 Prise geriebene Muskatnuss | 1 Prise Salz | 1 EL Xeres-Essig

- Die Feigen in einen Topf mit kochendem Wasser geben. Vom Herd nehmen und etwa 15 Minuten ziehen lassen. Die Feigen abgießen (das Wasser auffangen) und fein würfeln. Die Zwiebel fein hacken. Mit dem Olivenöl in einen Topf geben und 5 Minuten dünsten. Mit 3 Esslöffeln des Feigenwassers beträufeln und weitere 5 Minuten bei schwacher Hitze dünsten. Honig, Feigen und Gewürze zugeben. 10 Minuten kochen, dabei regelmäßig rühren. Den Essig zugeben und weitere 10 Minuten bei schwacher Hitze einkochen.

GOMASHIO (ODER GOMASIO)

Für 100 g Gomashio

90 g Sesamsamen | 10 g Salz

- Die Sesamsamen in einer Pfanne ohne weiteres Fett bei starker Hitze 3–4 Minuten rösten, dabei ständig rühren. Die gerösteten Sesamsamen mit dem Salz in einem Mörser zerstoßen (oder mixen, falls Sie keinen Mörser haben).

RUCOLA-INGWER-WÜRZE

Für 200 g Würze

60 g Rucola | 2 EL frisch geriebener Ingwer | 2 EL Reisessig | 3 EL Olivenöl | 2 EL Sesamöl

- Alle Zutaten im Mixer pürieren.

Tipp: Ersetzen Sie den Rucola durch Koriander (mit dem Ingwer eine Delikatesse).

REDUKTION VON BALSAMICO

Für 150 ml Konzentrat

250 ml Balsamico | 3 EL Zucker

- Balsamico und Zucker in einem Topf verrühren. Aufkochen und bei schwacher Hitze um die Hälfte reduzieren.

DIE PESTOS

Diese Pestos eignen sich zum Aperitif auf Toasts oder mit Rohkost. Sie können aber auch Hauptgerichten zu Originalität verhelfen: ein wenig Pesto in einer Suppe, als Beilage zu Gemüse, als Dip zu einer Quiche oder zum Würzen von Nudeln und Salaten.

BASILIKUMPESTO

Für 200 g Pesto

1 großer Bund Basilikum, entstielt | 1 Knoblauchzehe, geschält und entkeimt | 2 EL Handvoll Pinienkerne | 20 g frisch geriebener Parmesan | 3 EL Wasser | 5 EL Olivenöl | Salz, Pfeffer aus der Mühle

- Alle Zutaten zu einer glatten Mischung pürieren. Das Pesto in ein Schälchen füllen und 30 Minuten in den Kühlschrank stellen.

RUCOLAPESTO

Für 250 g Pesto

40 g Cashewnüsse | 60 g Rucola | 1 EL Cashewmus (im Bioladen) | 6 EL Wasser | 6 EL Olivenöl | Salz, Pfeffer aus der Mühle

- Die Nüsse in einer antihaftbeschichteten Pfanne bei starker Hitze ohne weiteres Fett goldbraun rösten. Mit den restlichen Zutaten im Mixer pürieren. Das Pesto in ein Schälchen füllen und 30 Minuten in den Kühlschrank stellen.

PETERSILIENPESTO

Für 250 g Pesto

40 g Kürbissamen | 40 g Sonnenblumenkerne | 1 Bund glatte Petersilie, entstielt | 1 TL Senf | 6 EL Olivenöl | 6 EL Wasser | Salz, Pfeffer aus der Mühle

- Kürbissamen und Sonnenblumenkerne in einer Pfanne bei starker Hitze ohne weiteres Fett goldbraun rösten. Mit den restlichen Zutaten im Mixer pürieren. In ein Schälchen füllen und 30 Minuten in den Kühlschrank stellen.

Tipp: Sie können auch alle Zutaten (bis auf Öl und Wasser) im Mörser zu einer Paste zerstoßen. Nach und nach Olivenöl und Wasser zugeben und zu einem feinen Mus zerstoßen.

KORIANDERPESTO

Für 200 g Pesto

1 Bund Koriander, entstielt | 4 EL Gomashio (siehe Rezept S. 8) | Saft von 1 Zitrone | 100 ml Olivenöl

- Alle Zutaten im Mixer pürieren. Das Pesto in ein Schälchen füllen und 30 Minuten in den Kühlschrank stellen.

DER MÜRBETEIG

Machen Sie Ihren Mürbeteig selbst, und Sie werden den Unterschied schmecken! Für eine süße Variante verwenden Sie das Rezept auf S. 42 mit Mandeln. Variieren Sie den Geschmack, indem Sie ein Drittel des Mehls durch Buchweizen-, Kastanien- oder Roggenmehl ersetzen (die restlichen zwei Drittel verbleiben Weizenmehl). Für eine glutenfreie Variante verwenden Sie glutenfreies Reismehl.

Für 250 g Mürbeteig

165 g Mehl | 1 Prise Salz | 80 g weiche Butter (Zimmertemperatur) | 4 EL Wasser

- Mehl und Salz in einer Schüssel vermischen. Die Butter würfeln und zugeben. Mit den Fingern zu einem krümeligen Teig kneten.
- Das Wasser nach und nach zugeben und alles zu einem glatten Teig kneten.
- Den Teig zu einer Kugel formen und mit Frischhaltefolie abdecken, wenn Sie ihn aufbewahren möchten (er lässt sich sehr gut einfrieren).
- Die Teigkugel zwischen zwei Lagen Backpapier legen, mit der Hand abflachen und dann dünn ausrollen.
- Den Teig mit einer Gabel mehrfach einstechen und in eine Backform legen.

Variante: Mürbeteig mit Olivenöl

250 g Mehl | 1 TL Salz | 5 EL Olivenöl | 4 EL Sojamilch

Varianten: Für ein kleineres Brot nehmen Sie nur 500 g Mehl (Backzeit 40 Minuten). Für ein glutenfreies Brot verwenden Sie Reismehl (T 110). Sie können auch Samen und Kerne Ihrer Wahl unter den Teig mischen.

DAS EIGENE BROT

Versuchen Sie sich doch einmal an diesem Halb-Vollkorn-Bauernbrot. Es hält sich ungefähr 3 Tage, lässt sich aber auch sehr gut einfrieren.

Für 1 großes Brot (1 kg)

1 kg Halb-Vollkornmehl (T 110) | 20 g Salz | 650 ml lauwarmes Wasser | 40 g Hefe, aufgelöst in 100 ml lauwarmem Wasser

- Mehl und Salz in einer großen Schüssel vermischen. Nach und nach das lauwarme Wasser zugießen, dabei zu einem glatten Teig verkneten. Die aufgelöste Hefe zugießen und solange kneten, bis der Teig nicht mehr an den Fingern klebt.
- Den Teig mit einem feuchten Tuch abdecken und 3–4 Stunden an einem warmen Ort gehen lassen. Den aufgegangenen Teig auf einer bemehlten Arbeitsfläche erneut durchkneten, dabei mehrfach um sich selbst falten (um die Luft entweichen zu lassen). Den Teig zu einer Kugel formen.
- Einen Korb mit einem trockenen, bemehlten Tuch auslegen. Die Teigkugel hinein legen und erneut 2 Stunden an einem warmen Ort gehen lassen.
- Den Backofen auf 180 °C vorheizen. Den Teig auf ein mit Backpapier belegtes Backblech legen. Die Oberfläche mit einem Messer rautenförmig einschneiden.
- 1 Stunde im Ofen backen.

DIE SAUCEN

Eine Tomatensauce ist äußerst vielseitig verwendbar. Stellen Sie sie am Ende des Sommers, wenn die Tomaten am besten schmecken, in großen Mengen her und bewahren Sie sie in sterilisierten Gläsern auf (an einem dunklen Ort halten Sie sich bis zu 1 Jahr). Die anderen Saucen können Sie zu Gemüse, Getreide, Hülsenfrüchten und Salaten genießen. Die Sesamsauce eignet sich auch anstelle einer Béchamelsauce in einem Gratin, auf einer Quiche oder als Füllung.

TOMATENSAUCE

Für 500 ml Sauce

½ Zwiebel, geschält und gehackt | 2 Knoblauchzehen, geschält und gehackt | 2 EL Olivenöl | 1 kg vollreife Tomaten, geschält und gewürfelt | 2 Lorbeerblätter | 1 Thymianzweig | 2 EL Zucker | Salz, Pfeffer aus der Mühle

• Zwiebel und Knoblauch mit dem Olivenöl in einen Topf geben und 2 Minuten bei mittlerer Hitze dünsten. Tomaten, Lorbeerblätter, Thymian, Salz und Pfeffer zugeben und alles gut verrühren. Den Deckel auflegen und bei schwacher Hitze 30 Minuten einkochen. Noch einmal abschmecken.

SESAMSAUCE

Für 250 ml Sauce

5 EL Sesampaste (Tahini) | 100 ml Gemüsebrühe (siehe Rezept S. 6) oder Milch | 4 EL Sojasauce | ½ EL Reisessig

• Die Sesampaste mit der Hälfte der Brühe in einer Schüssel verrühren. Sobald die Paste aufgelöst ist, nach und nach die restliche Brühe zugießen, dabei ständig kräftig rühren, damit die Sauce cremig wird. Zuletzt Sojasauce und Reisessig unterrühren.

JOGHURT-MINZ-SAUCE

Für 200 ml Sauce

1 Knoblauchzehe, geschält und entkeimt | 125 g griechischer Joghurt | Einige Minzeblätter | Einige Schnittlauchhalme | 1 EL Zitronensaft | 1 Prise gemahlener Kreuzkümmel (nach Belieben) | 2 EL Olivenöl | Salz, Pfeffer aus der Mühle

• Die Knoblauchzehe 1 Minute in kochendem Wasser blanchieren. Abgießen und mit den restlichen Zutaten im Mixer pürieren.

ROTE-BETE-SAUCE MIT KÄSE

Für 250 ml Sauce

1 Rote Bete, gekocht | 1 frischer Ziegenkäse | Einige Korianderblätter |1 TL Xeres-Essig | Pfeffer aus der Mühle

• Die Rote Bete schälen und in Stücke schneiden. Mit den restlichen Zutaten im Mixer pürieren.

KALTE ROTE-BETE-SUPPE MIT FRISCHKÄSE

ZUBEREITUNGSZEIT: 5 MIN.
GARZEIT: 2 MIN.

Für 4 Personen

- 2 EL gehobelte Mandeln
- 2 Rote Beten (ungefähr 400 g)
- 300 g Frischkäse
- 1 Knoblauchzehe, geschält und gehackt
- 1 Schöpfkelle Gemüsebrühe (siehe Rezept S. 6)
- 1 EL Agavensirup oder flüssiger Honig
- 2 EL Olivenöl
- Salz, Pfeffer aus der Mühle
- Einige Schnittlauchhalme, gezupft

• Die Mandeln in einer antihaftbeschichteten Pfanne ohne weiteres Fett bei mittlerer Hitze goldbraun rösten, dabei ständig rühren.

• Die Rote Bete schälen und in Stücke schneiden. Mit Frischkäse, Knoblauch, Gemüsebrühe, Agavensirup und Olivenöl im Mixer cremig pürieren. Mit Salz und Pfeffer abschmecken.

• Die Suppe auf einzelne Teller verteilen und mit den gerösteten Mandelhobeln und Schnittlauch garnieren.

Tipp:
Für einen orientalischen Geschmack und einen grünen Tupfer fügen Sie vor dem Servieren 1 Teelöffel Korianderpesto (siehe Rezept S. 10) zu.

GERSTENSALAT MIT FETA, ERBSEN & MINZE

ZUBEREITUNGSZEIT: 5 MIN.
GARZEIT: 1 STD.
EINWEICHZEIT: 12 STD.

Für 4 Personen

- 160 g geschälte Gerstenkörner
- Salz, Pfeffer aus der Mühle
- 120 g Erbsen
- 120 g Feta
- 1 Handvoll Minzeblätter
- Saft von 1 Zitrone
- 4 EL Olivenöl

• Die Gerstenkörner am Vortag in einer Schüssel mit kaltem Wasser 12 Stunden einweichen.

• Am nächsten Tag die Gerste abgießen und in einen Topf geben. Mit kaltem Wasser bedecken (4-fache Menge Wasser). Aufkochen, salzen und bei schwacher Hitze 1 Stunde köcheln. Abgießen.

• Die Erbsen in einem Topf mit kochendem Salzwasser 6–8 Minuten garen. Abgießen und in Eiswasser abschrecken.

• Den Feta in Würfel schneiden und die Minzeblätter zupfen.

• Gerstenkörner, Erbsen, Feta und Minze in einer Schüssel vermischen. Mit Zitronensaft und Olivenöl beträufeln. Vorsichtig mit Salz und Pfeffer abschmecken (der Feta ist bereits sehr salzig).

Tipp:
Sie können die Gerstenkörner auch durch vorgekochte Weizenkörner ersetzen: Dadurch ersparen Sie sich das Einweichen am Vortag und das Kochen der Körner.

FRÜHLINGSROLLEN MIT ERDNUSSBUTTER

ZUBEREITUNGSZEIT: 25 MIN.
GARZEIT: 5 MIN.

Für 8 Rollen

- 50 g Reisnudeln (im Asiashop)
- 1 Handvoll Sojasprossen
- 2 Radieschen
- ¼ Gurke
- 1 kleine Möhre
- 8 Salatblätter
- ½ Avocado
- 8 Reisblätter (Durchmesser 15–20 cm)
- 16 Minzeblätter
- Einige Korianderzweige

Für die Sauce

- 2 EL Erdnussbutter
- 1 EL Sojasauce
- Saft von 1 grünen Zitrone
- 5 EL Gemüsebrühe (siehe Rezept S. 6) oder Milch
- ½ TL Fleur de sel

• Die Reisnudeln in einem Topf mit kochendem Wasser nach Packungsanweisung garen (3 – 5 Minuten). Unter kaltem Wasser abschrecken und abtropfen lassen. Grob zerkleinern.

• Die Sojasprossen in einem Topf mit kochendem Wasser etwa 1 Minute blanchieren. Unter kaltem Wasser abschrecken und abtropfen lassen.

• Die Radieschen in dünne Scheiben schneiden. Gurke und Möhre schälen und in feine Stifte schneiden. Den Salat waschen. Die Avocado schälen und in dünne Scheiben schneiden.

• 1 Reisblatt in einer Schüssel mit lauwarmem Wasser einweichen, auf einem sauberen Tuch abtropfen lassen und auf der Arbeitsplatte auslegen. Einige Radieschenscheiben nebeneinander in die Mitte legen und mit einem Salatblatt bedecken. 2 Minzeblätter auflegen. Reisnudeln, Sojasprossen und Gemüsestifte darüber verteilen. Mit Avocadoscheiben und Korianderblättern bedecken.

• Das Reisblatt vorsichtig einrollen, bis es die Füllung ganz umschließt. Die beiden Enden nach innen einschlagen. Die anderen Rollen ebenso herstellen.

• Für die Sauce: Erdnussbutter, Sojasauce, Zitronensaft und 1 Esslöffel Brühe in einer Schüssel verrühren. Nach und nach die restliche Brühe und das Fleur de sel zugeben.

• Die Rollen in die Sauce dippen und genießen.

THAICURRY MIT TOFU

ZUBEREITUNGSZEIT: 15 MIN.
GARZEIT: 25 MIN.
RUHEZEIT: 10 MIN.

Für 4 Personen

- 300 g Thai-Reis (Halb-Vollkorn)
- 125 g fermentierter Tofu
- ¼ Ananas
- 2 Frühlingszwiebeln
- 60 g Zuckerschoten
- 1 Stängel Zitronengras
- 1 EL Sonnenblumenöl
- 1 gestrichener EL grüne Currypaste (im Asiashop oder in großen Supermärkten)
- 4 Zitronenblätter (im Tiefkühlregal des Asiashops) oder die abgeriebene Schale von 1 Zitrone
- 1 EL Zucker
- 1 TL Salz
- 400 ml Kokosmilch
- 1 EL Sojasauce
- 100 g Erbsen
- Einige Stängel Koriander oder Thai-Basilikum, gezupft
- Saft von 1 grünen Zitrone

• Den Reis mehrfach in Wasser waschen, bis das Wasser klar bleibt. Abgießen und mit 500 ml Wasser in einen Topf geben. Zugedeckt aufkochen und 12 Minuten bei schwacher Hitze köcheln. Den Topf vom Herd nehmen und mit Deckel 10 Minuten ziehen lassen.

• Den Tofu abgießen und würfeln. Die Ananas schälen und ebenfalls würfeln. Die Frühlingszwiebeln schälen und hacken. Die Zuckerschoten halbieren. Die äußeren Blätter des Zitronengrases entfernen und den Rest hacken.

• Das Öl im Wok erhitzen und die Currypaste 1 Minute bei starker Hitze andünsten. Tofu, Frühlingszwiebeln, Zitronenblätter, Zitronengras, Zucker und Salz zugeben. Alles gut vermischen und 2–3 Minuten dünsten.

• Kokosmilch und Sojasauce zugießen. Ananas, Erbsen und Zuckerschoten unterrühren. Aufkochen und 10 Minuten bei schwacher Hitze köcheln.

• Vom Herd nehmen, mit Koriander bestreuen und durchmischen. Mit Zitronensaft beträufeln und mit dem Reis servieren.

Tipp:
Die grüne Currypaste ist sehr scharf. Wenn Sie es weniger scharf bevorzugen, nehmen Sie nur halb so viel Currypaste.

DINKELRISOTTO MIT SPARGEL

ZUBEREITUNGSZEIT: 20 MIN.
GARZEIT: 30 MIN.
EINWEICHZEIT: 1 NACHT

Für 4 Personen

- 200 g Dinkel
- 1 Bund grüner Spargel
- 150 g braune Champignons
- 2 Schalotten
- 1,5 l Gemüsebrühe (siehe Rezept S. 6)
- Olivenöl
- ½ Bund glatte Petersilie, gezupft
- Salz, Pfeffer aus der Mühle
- 1 Lorbeerblatt
- 100 ml Weißwein
- 60 g frisch geriebener Parmesan
- 50 g Butter

• Am Vortag den Dinkel einweichen und die ganze Nacht in kaltem Wasser ziehen lassen.

• Den Dinkel am nächsten Tag abgießen. Die verholzten Enden der Spargel abschneiden und die Spargelstangen in 3 cm lange Stücke schneiden. Die Pilze putzen und vierteln. Die Schalotten schälen und hacken.

• Die Gemüsebrühe erhitzen und warm halten.

• Die Spargelstücke in einer Pfanne mit einem Schuss Olivenöl 4 Minuten bei mittlerer Hitze dünsten. Die Pilze zugeben und weitere 4 Minuten dünsten. Die Petersilie unterrühren. Mit Salz und Pfeffer abschmecken und beiseitestellen.

• Die Schalotten in einem Topf mit einem Schuss Olivenöl und dem Lorbeerblatt 2–3 Minuten bei mittlerer Hitze dünsten. Den Dinkel zugeben und unter Rühren glasig dünsten.

• Den Weißwein zugießen. Sobald er verdampft ist, etwas Gemüsebrühe zugießen und bei mittlerer Hitze unter gelegentlichem Rühren kochen, bis auch sie absorbiert ist. Erneut etwas Gemüsebrühe zugeben und salzen. Dies so lange wiederholen, bis die Gemüsebrühe aufgebraucht ist (insgesamt etwa 30 Minuten): Der Dinkel sollte al dente sein.

• Das Gemüse kurz erwärmen und unter das Risotto mischen. Parmesan (etwas zum Servieren aufbewahren) und Butter unterrühren. Mit Parmesan bestreuen und mit Petersilienpesto (siehe Rezept S. 10) servieren.

FRÜHLINGSTELLER

Ein Teller voller Frische und mit vielen Nährstoffen: Getreidepuffer, Hülsenfrüchte (Saubohnen) und Ölfrüchte (Kürbiskerne) liefern außerdem alle benötigten Proteine.

GETREIDEPUFFER

ZUBEREITUNGSZEIT: 15 MIN.
RUHEZEIT: 25 MIN.
GARZEIT: 10 MIN.

Für 4 Puffer

200 g Getreideflocken (Hafer, Weizen, Dinkel, Quinoa ...) | 150 ml Milch | 1 Möhre | ¼ Brokkoli | ½ Zwiebel | ½ Bund glatte Petersilie | 2 Eier | 1 EL Sesamsamen | 1 TL Currypulver oder Garam massala | Pflanzenöl | 1 TL Salz | Pfeffer aus der Mühle

- Die Getreideflocken mit der Milch in eine Schüssel geben und etwa 15 Minuten einweichen.
- Die Möhre schälen und reiben. Die Brokkoliröschen abbrechen und reiben. Die Zwiebel schälen und hacken. Die Petersilie waschen und zupfen.
- Alle Zutaten zu den eingeweichten Flocken geben und zu einer glatten Masse verarbeiten. 10 Minuten in den Kühlschrank stellen.
- 4 Kugeln aus der Masse formen und mit der Hand zu Puffern abflachen.

Einen Schuss Öl in einer Pfanne erhitzen und die Puffer 4–5 Minuten von jeder Seite braten, bis sie an den Rändern goldbraun werden. Auf Küchenpapier abtropfen lassen und servieren.

SAUBOHNEN MIT ZITRONE

ZUBEREITUNGSZEIT: 10 MIN.
GARZEIT: 5 MIN.

Für 4 Personen

600 g frische Saubohnen | ¼ Zitronenkonfit | 2 EL Olivenöl | Fleur de sel, Pfeffer aus der Mühle | 1 Stängel Kerbel

- Die Bohnen enthülsen und 3–5 Minuten in einem Topf mit kochendem Salzwasser garen. In einer Schüssel mit Eiswasser abschrecken. Abgießen und mit den Fingerspitzen die Haut von den Bohnen abziehen.
- Das Zitronenkonfit fein würfeln.
- Die Bohnen in einer Schüssel mit Olivenöl und Zitronenkonfit vermischen. Mit Fleur de sel und Pfeffer abschmecken, mit Kerbel dekorieren und servieren.

RADIESCHEN MIT ZIEGENKÄSE

ZUBEREITUNGSZEIT: 10 MIN.
GARZEIT: 2 MIN.

Für 4 Personen

1 Bund Radieschen | 1 EL Kürbissamen | 1 frischer Ziegenkäse | 1 EL Olivenöl | 1 EL weißer Balsamico oder Apfelessig | Salz, Pfeffer aus der Mühle

- Die Radieschen waschen und halbieren.
- Die Kürbissamen in einer antihaftbeschichteten Pfanne ohne weiteres Fett unter ständigem Rühren bei starker Hitze goldbraun rösten. Fein hacken.
- Den Ziegenkäse mit einer Gabel zerdrücken und mit Olivenöl, Essig, Salz und Pfeffer vermischen.
- Die Radieschen mit dem Käse bestreichen und mit den Kürbissamen bestreuen. Sofort servieren.

GEMISCHTER SALAT

ZUBEREITUNGSZEIT: 5 MIN.
KEINE GARZEIT

Für 4 Personen

120 g gemischter Salat | 2 EL Omega-3-Essig

- Den Salat waschen und in eine Schüssel geben. Mit dem Essig anrichten und servieren.

Tipp: Reichern Sie den Salat durch Keime oder gehackte Nüsse Ihrer Wahl an, die Sie zuvor in einer Pfanne ohne Fett geröstet haben.

NUDELN MIT TOFU & CASHEWNÜSSEN

ZUBEREITUNGSZEIT: 20 MIN.
GARZEIT: 10 MIN.

Für 4 Personen

- 300 g getrocknete Reisnudeln
- 160 g fermentierter Tofu
- 1 junge Möhre
- 2 Frühlingszwiebeln
- ½ Bund Koriander
- 1 kleine Handvoll Cashewnüsse
- 2 EL Sonnenblumenöl
- 1 EL frisch geriebener Ingwer
- 160 g Zuckerschoten
- Saft von 1 Limette oder 1 Zitrone
- 6 EL Sojasauce
- 2 EL Sesamöl

- Die Reisnudeln in einem Topf mit kochendem Wasser nach Packungsanweisung garen und abgießen.
- Den Tofu abgießen und in Stifte schneiden. Die Möhre schälen und in feine Stifte schneiden. Die Frühlingszwiebeln putzen und hacken. Den Koriander waschen und hacken.
- Die Cashewnüsse in einem Wok mit 1 Esslöffel Sonnenblumenöl bei starker Hitze rösten. Die Nüsse auf einem Teller beiseitestellen, das Öl im Wok belassen.
- Den Tofu mit dem Ingwer im Wok bei starker Hitze 3–4 Minuten braten, dabei gelegentlich rühren. Auf einem Teller beiseitestellen.
- Das restliche Sonnenblumenöl in den Wok geben und Frühlingszwiebeln, Zuckerschoten und Möhrenstifte bei starker Hitze 5 Minuten braten.
- Den Tofu zugeben, alles mit Zitronensaft, Sojasauce und Sesamöl beträufeln. Die Reisnudeln zugeben und alles gut vermengen.
- Mit Koriander und Cashewnüssen bestreuen und sofort servieren.

KÄSEKUCHEN MIT RHABARBER

ZUBEREITUNGSZEIT: 20 MIN.
BACKZEIT: 1 STD.
RUHEZEIT: 10 MIN.
KÜHLZEIT: 3 STD.

Für 6–8 Personen

Für den Keksteig

- 100 g Butterkekse
- 50 g Butter zerlassen

Für die Käsecreme

- 300 g Quark
- ½ EL Mehl
- 100 ml Sahne
- 40 g Zucker
- 1 Ei

Für das Rhabarberkompott

- 250 g Rhabarber
- 40 g Zucker
- 2 EL Agavensirup oder 15 g Rohrzucker
- 3 EL Wasser
- 1 gestrichener TL Agar-Agar
- 2 EL Himbeermarmelade

- Den Quark 10 Minuten abtropfen lassen.
- Den Backofen auf 180 °C vorheizen.
- Kekse und zerlassene Butter im Mixer pürieren. Den Teig auf dem Boden einer mit Backpapier ausgelegten Springform verstreichen. Mit den Händen gut andrücken. 10 Minuten im Ofen backen.
- Für die Käsecreme: Den Quark in einer Schüssel mit Mehl, Sahne und Zucker verrühren. Das Ei zugeben und alles zu einer glatten Creme schlagen. Die Creme auf dem vorgebackenen Kuchenboden ausstreichen. Weitere 40 Minuten backen und abkühlen lassen.
- In der Zwischenzeit das Rhabarberkompott zubereiten: Den Rhabarber waschen, schälen und in Wüfel schneiden. Mit Zucker, Agavensirup und Wasser in einen Topf geben. 10 Minuten bei schwacher Hitze einkochen, dabei gelegentlich umrühren.
- Das Fruchtmus mit dem Pürierstab mixen. Das Agar-Agar unterrühren. Den Topf erneut auf den Herd stellen und das Kompott 30 Sekunden kochen. Vom Herd nehmen und die Himbeermarmelade unterrühren.
- Den Käsekuchen mit dem Rhabarber-Himbeer-Mus bestreichen und ungefähr 3 Stunden in den Kühlschrank stellen.

SOBA-NUDELSALAT

ZUBEREITUNGSZEIT: 10 MIN.
GARZEIT: 8 MIN.

Für 4 Personen

- 1 Schuss Sonnenblumenöl
- 2 Eier, verquirlt
- ¼ Gurke
- 2 Tomaten
- 300 g Soba-Nudeln
- Grobes Salz
- 1 Handvoll Keimlinge
- 1 EL Sesamsamen

Für die Sauce

- 2 EL Sojasauce
- 3 EL Ume Su (Würzsauce, im Asiashop oder Bioladen)
- 3 EL Sesamöl

• Das Sonnenblumenöl in einer Pfanne erhitzen. Die Eier zugeben und verrühren, sobald sie fest zu werden beginnen. Zu Rührei braten und auf einem Teller beiseitestellen.

• Die Gurke schälen und in feine Streifen schneiden. Die Tomaten waschen und in dünne Scheiben schneiden.

• Die Soba-Nudeln in einem großen Topf mit kochendem Salzwasser nach Packungsanweisung garen (ungefähr 5 Minuten). Unter kaltem Wasser abschrecken (damit sie nicht verkleben) und abtropfen lassen. In eine Schüssel geben.

• Alle Zutaten für die Sauce in einem Schälchen verrühren.

• Gurke, Tomaten, Rührei und Keimlinge mit den Nudeln vermengen. Mit der Sauce beträufeln und mit Sesamsamen bestreuen. Sofort servieren.

RATATOUILLE-LASAGNE MIT BASILIKUMCREME

ZUBEREITUNGSZEIT: 25 MIN.
GARZEIT: 1 STD.

Für 6 Personen

- 250 g Lasagneblätter
- Olivenöl für die Form

Für das Ratatouille

- 6 Tomaten
- 1 Zwiebel
- 2 Knoblauchzehen
- ½ rote Paprika
- 1 Aubergine
- 2 Zucchini
- Olivenöl
- 1 Thymianzweig
- Salz, Pfeffer aus der Mühle

Für die Sauce

- 1 Bund Basilikum
- 1 Gemüsebrühwürfel
- 2 EL Olivenöl
- 80 g frisch geriebener Parmesan + 15 g zum Überbacken
- 4 EL Crème fraîche
- Salz, Pfeffer aus der Mühle
- 3 EL Speisestärke

• Für das Ratatouille: Die Tomaten schälen und würfeln. Zwiebel und Knoblauch schälen und hacken. Paprika, Aubergine und Zucchini waschen und fein würfeln. 1 Esslöffel Olivenöl in einem Topf erhitzen und die Zwiebel glasig dünsten. Paprika, Aubergine und Zucchini zugeben und 2–3 Minuten dünsten. Tomaten, Knoblauch, Thymian und 1 Teelöffel Salz zugeben. 20 Minuten bei schwacher Hitze köcheln, dabei gelegentlich umrühren. Mit Pfeffer abschmecken.

• Für die Sauce: Das Basilikum entstielen und die Blätter zupfen. 1 Liter Wasser mit dem Gemüsebrühwürfel aufkochen. Die Basilikumblätter zugeben und 2 Minuten blanchieren. Mit einem Schaumlöffel herausheben (die Brühe aufbewahren) und mit Olivenöl, Parmesan und Crème fraîche im Mixer pürieren. Mit Salz und Pfeffer abschmecken. Die Mischung zur Brühe geben und die Speisestärke mit dem Schneebesen einrühren. Aufkochen und bei schwacher Hitze eindicken.

• Den Backofen auf 200 °C vorheizen.

• 1 Schuss Olivenöl in eine Auflaufform geben. 1 Kelle Basilikumsauce zugeben und auf dem Boden ausbreiten. Mit Lasagneblättern bedecken und mit etwas Ratatouille aufschichten. Erneut 1 Kelle Basilikumsauce zugeben und diese Schichten wiederholen, bis alle Zutaten aufgebraucht sind. Mit Basilikumsauce enden. Mit Parmesan und Pfeffer bestreuen.

• 40 Minuten im Ofen backen.

GEFÜLLTE PAPRIKA

ZUBEREITUNGSZEIT: 10 MIN.
GARZEIT: 50 MIN.
RUHEZEIT: 10 MIN.

Für 4 Personen

- 4 Paprika
- Salz, Pfeffer aus der Mühle
- 2 große Tomaten
- ½ Bund Petersilie
- ½ Bund Basilikum
- 120 g frischer Ziegenkäse
- 120 g Quinoa
- 3 EL Paniermehl
- Olivenöl

- Den Backofen auf 210 °C vorheizen.

- Die Paprika waschen und halbieren. Samen und weiße Häute entfernen. Salzen.

- Die Tomaten schälen und würfeln. Petersilie und Basilikum hacken. Den Ziegenkäse würfeln.

- Das Quinoa waschen und in einen Topf geben. Mit kaltem Wasser (1,5-fache Menge) bedecken. Aufkochen und 15 Minuten bei schwacher Hitze köcheln. Mit Salz abschmecken und 10 Minuten zugedeckt ziehen lassen.

- Das Quinoa in einer Schüssel mit Tomaten, Ziegenkäse und den gehackten Kräutern vermischen. Vorsichtig salzen und pfeffern.

- Die halbierten Paprikaschoten mit der Quinoamischung füllen. Mit Paniermehl bestreuen und mit einem Schuss Olivenöl beträufeln. 35 Minuten im Ofen backen.

Tipp: Ersetzen Sie die Paprika durch runde Zucchini oder feste Fleischtomaten. Servieren Sie etwas Tomatensauce zu diesem Gericht (siehe Rezept S. 14).

SALATE DER SAISON

BOHNEN-RADIESCHEN-SALAT

ZUBEREITUNGSZEIT: 15 MIN.
GARZEIT: 30 MIN.

Für 4 Personen

½ Bund Radieschen | 3 EL Olivenöl | Salz, Pfeffer aus der Mühle | 600 g grüne Bohnen, gekocht | 1 EL Balsamico | 150 g frischer Ziegenkäse | 4 Schnittlauchhalme

• Den Backofen auf 180 °C vorheizen. Die Radieschen vierteln und auf ein mit Backpapier belegtes Backblech legen. Mit etwas Olivenöl beträufeln, salzen und pfeffern. 30 Minuten im Ofen backen. Die Radieschen und die abgetropfen Bohnen auf die Teller verteilen. Olivenöl und Balsamico verrühren, salzen und pfeffern. Frischkäse und Schnittlauch vermischen, salzen und pfeffern. Den Käse zu Klößchen formen und auf das Gemüse legen. Mit der Vinaigrette beträufeln und servieren.

TOFU-TOMATEN MIT PESTO

ZUBEREITUNGSZEIT: 10 MIN.
GARZEIT: 5 MIN.

Für 4 Personen

200 g fermentierter Tofu, abgetropft | 120 g Kirschtomaten | 2 Knoblauchzehen, gehackt | 1 EL Olivenöl | Salz, Pfeffer aus der Mühle| 2 EL Basilikumpesto (siehe Rezept S. 10)

• Den Tofu in Würfel schneiden. Die Tomaten halbieren. Tofu und Knoblauch in einer Pfanne mit dem Olivenöl 5 Minuten bei mittlerer Hitze braten. Salzen und pfeffern. Mit allen Zutaten vermengen und servieren.

MOZZARELLA-SALAT

ZUBEREITUNGSZEIT: 5 MIN. - KEINE GARZEIT

Für 1 Schüssel (30 cm)

1 Zweig Kirschtomaten | 100 g gemischter Salat | 1 Kugel Büffelmozzarella, in Scheiben geschnitten | Fleur de sel | Pfeffer aus der Mühle | 1½ EL Reduktion von Balsamico (siehe Rezept S. 8) | 3 EL Olivenöl

• Die Tomaten halbieren. Den Salat waschen und auf die Teller verteilen. Tomaten und Mozzarellascheiben zugeben. Salzen und pfeffern. Mit Olivenöl und Balsamico beträufeln.

FEIGEN-AVOCADO-SALAT MIT PARMESAN

ZUBEREITUNGSZEIT: 5 MIN. - KEINE GARZEIT

Für 1 Schüssel (30 cm)

1 EL Zitronensaft | 1 EL Olivenöl | 1 EL Rapsöl | Fleur de sel | Pfeffer aus der Mühle | 4 Feigen | 2 Avocados | 50 g Parmesan, gehobelt

• Zitronensaft, Oliven- und Rapsöl in einem Schälchen verrühren. Salzen und pfeffern. Jede Feige in Achtel schneiden. Die Avocado schälen und in Stücke schneiden. Feigen- und Avocadostücke auf Servierteller verteilen. Mit der Vinaigrette beträufeln und mit Parmesan bestreuen. Erneut pfeffern und servieren.

LINSEN-QUINOA-SALAT

ZUBEREITUNGSZEIT: 15 MIN.
GARZEIT: 30 MIN.
RUHEZEIT: 10 MIN.

Für 4 Personen

- 1 große Handvoll grüne Bohnen
- 100 g Linsen
- 100 g Quinoa
- Salz, Pfeffer aus der Mühle
- 1 Avocado
- ½ Gurke
- 4 Radieschen
- 1 Frühlingszwiebel
- 120 g Feta
- 1 Handvoll Rucola
- 2 EL Kürbissamen
- 2 EL Sonnenblumenkerne
- 1 Handvoll Keimlinge
- Saft von 1 Zitrone
- 4 EL Olivenöl
- 1 EL weißer Balsamico (oder Apfelessig)

- Die Bohnen waschen und die Stielenden entfernen. Die Bohnen in Ringe schneiden.

- Die Linsen waschen und in einen Topf geben. Mit kaltem Wasser bedecken (5 cm höher als die Linsen). Aufkochen und 25 Minuten bei schwacher Hitze köcheln. Die grünen Bohnen zugeben und weitere 5 Minuten kochen. Abgießen und abtropfen lassen.

- Das Quinoa waschen und in einen Topf geben. Mit kaltem Wasser bedecken (1,5-fache Menge). Aufkochen und 15 Minuten bei schwacher Hitze kochen. Salzen und zugedeckt 10 Minuten ziehen lassen.

- Avocado und Gurke schälen und fein würfeln

- Die Radieschen in dünne Scheiben schneiden. Die Frühlingszwiebel schälen und hacken. Den Feta in Würfel schneiden.

- Linsen und Bohnen in einer Schüssel mit dem lauwarmen Quinoa vermengen. Die restlichen Zutaten untermischen, mit Salz und Pfeffer abschmecken und servieren.

Tipp: Für einen farbenfroheren Salat können Sie auch rotes Quinoa verwenden. Nach Belieben können Sie die Zitrone auch durch eine Limette ersetzen.

APRIKOSENTARTE

ZUBEREITUNGSZEIT: 20 MIN.
BACKZEIT: 30 MIN.
RUHEZEIT: 20 MIN.

Für 1 große Tarte (oder 6 kleine)

Für den Mürbeteig

- 30 g Mandeln
- 110 g Halb-Vollkornmehl (T 80)
- 50 g Zucker
- 1 Eigelb
- 1 Prise Salz
- 60 g weiche Butter

Für den Belag

- 12 große Aprikosen
- 50 g Mandeln
- 120 g Frischkäse
- 1 Ei
- 80 g Zucker

- Für den Mürbeteig: Die Mandeln ohne weiteres Fett in einer Pfanne vorsichtig rösten, dabei gelegentlich rühren. Zu feinem Pulver pürieren.

- Mehl, Mandelpulver, Zucker, Eigelb und Salz in einer Schüssel vermischen. Die Butter würfeln und zugeben. Mit den Händen zu einem glatten Teig kneten. Eine Kugel formen und zwischen zwei Lagen Backpapier ausrollen (siehe Technik S. 12). Das obere Backpapier abziehen und den Teig in einer großen oder sechs kleinen Tarteformen auslegen. Mit der Gabel mehrfach einstechen und 20 Minuten in den Kühlschrank stellen.

- Den Backofen auf 200 °C vorheizen.

- Für den Belag: Die Aprikosen entkernen und vierteln. Die Mandeln ohne weiteres Fett in einer Pfanne vorsichtig rösten, dabei gelegentlich rühren. Zu feinem Pulver pürieren.

- Den Kuchenboden 10 Minuten ohne Belag im Ofen backen.

- Den Frischkäse in einer Schüssel mit dem Ei, der Hälfte des Mandelpulvers und 30 g Zucker verrühren. Den Belag auf dem vorgebackenen Kuchen verteilen.

- Die Aprikosen kreisförmig darauflegen und mit dem restlichen Zucker und Mandelpulver bestreuen. 20 Minuten im Ofen backen (bei kleineren Kuchenförmchen nur 10–15 Minuten).

PFIFFERLINGCREMESUPPE

ZUBEREITUNGSZEIT: 15 MIN.
GARZEIT: 20 MIN.

Für 4 Personen

- 400 g Pfifferlinge oder andere Herbstpilze
- 1 Schalotte
- 1 Kartoffel
- Einige Zweige glatte Petersilie
- Olivenöl
- Salz, Pfeffer aus der Mühle
- 400 ml Gemüsebrühe (siehe Rezept S. 6)
- 400 ml Milch
- 15 g Haselnüsse, geröstet und gehackt

Für die Haselnusssahne

- 100 ml kalte Sahne
- 2 TL Haselnussöl
- Salz, Pfeffer aus der Mühle

- Die erdigen Enden der Pfifferlinge abschneiden. Die Pilze vorsichtig mit einem feuchten Tuch putzen.
- Die Schalotte schälen und fein hacken. Die Kartoffel schälen und würfeln. Die Petersilie zupfen.
- Die Schalotte in einem Topf mit einem Schuss Olivenöl bei starker Hitze 2 Minuten dünsten. Pfifferlinge und Kartoffelwürfel zugeben und salzen. 5 Minuten unter Rühren dünsten. Die Brühe zugießen und 10 Minuten bei mittlerer Hitze köcheln. Die Milch zugießen und weitere 5 Minuten köcheln.
- Die Suppe zu einer glatten Creme pürieren oder mixen.
- Die Sahne schlagen. Das Haselnussöl zugeben und mit Salz und Pfeffer abschmecken.
- Die Pfifferlingcremesuppe auf 4 Teller verteilen. Mithilfe von 2 Esslöffeln etwas Sahne auf die Creme geben. Mit einem Schuss Olivenöl beträufeln und mit den gehackten Haselnüssen und der Petersilie bestreuen. Sofort servieren.

***Tipp:** Servieren Sie die Cremesuppe mit einer Scheibe geröstetem Weißbrot. Am besten schmeckt es, wenn Sie das Brot nach dem Rösten mit etwas Knoblauch einreiben.*

BUNTER REIS

ZUBEREITUNGSZEIT: 20 MIN.
GARZEIT: 12 MIN.
RUHEZEIT: 10 MIN.

Für 4 Personen

Für den gesäuerten Reis

- 450 g Rundkornreis (Halb-Vollkorn)
- 2 EL Zucker
- 1 TL Salz
- 4 EL Reisessig

Für die Garnitur

- 4 Eier
- 1 Prise Salz
- 1 Erdnussöl
- 1 Möhre
- ½ rohe Rote Bete
- 1 Avocado
- Einige Zweige Koriander
- ½ TL frisch geriebener Ingwer
- 2 EL Gomashio (im Bioladen oder siehe Rezept S. 8)

• Den Reis mehrfach in kaltem Wasser waschen, bis das Wasser klar bleibt. Abgießen und mit 900 ml Wasser in einen Topf geben. Den Deckel auflegen, aufkochen und 12 Minuten bei schwacher Hitze köcheln. Den Topf vom Herd nehmen und den Reis etwa 10 Minuten abgedeckt ruhen lassen.

• Zucker und Salz bei schwacher Hitze im Essig lösen (die Mischung darf nicht kochen).

• Die Essigmischung vorsichtig unter den Reis rühren, die Körner sollten nicht zerbrechen. Beiseitestellen.

• Die Eier mit 1 Prise Salz in einem Schälchen verquirlen.

• Das Erdnussöl in einer Pfanne erhitzen und die verquirlten Eier zugeben. Mit einem Küchenspatel verrühren, sobald sie zu gerinnen beginnen. Die Pfanne vom Herd nehmen, bevor die Eier vollständig fest sind und auf einem Teller beiseitestellen.

• Die Möhre und die Rote Bete schälen und pürieren. Die Avocado schälen und in Würfel schneiden. Den Koriander zupfen.

• Das Möhren-Rote-Bete-Mus, Ingwer, Gomashio und Koriander mit dem gesäuerten Reis verrühren. Mit den Avocadowürfeln und dem klein geschnittenen Rührei garnieren und sofort servieren.

Tipp: Vermengen Sie die Vinaigrette mit dem Reis, solange er noch warm ist. Sie wird dann besser aufgenommen, die Aromen vermischen sich besser und entwickeln sich stärker.

GEGRILLTES GEMÜSE MIT ZITRONENSAUCE

ZUBEREITUNGSZEIT: 10 MIN.
GARZEIT: 40 MIN.

Für 4 Personen

- 4 Kartoffeln
- 1 weiße Rübe
- 1 Möhre
- ½ Biokürbis
- 1 Fenchelknolle
- 1 Knoblauchknolle
- 1 EL Olivenöl
- Salz, Pfeffer aus der Mühle
- 2 Zweige Thymian

Für die Zitronensauce

- Einige Stängel glatte Petersilie
- Einige Schnittlauchhalme
- 100 g griechischer Joghurt
- Saft von 1 Zitrone
- 2 EL Olivenöl
- Salz, Pfeffer aus der Mühle

- Den Backofen auf 180 °C vorheizen.

- Kartoffeln, Möhre und Rübe schälen und waschen. Die Schale vom Kürbis abreiben (sie muss nicht geschält werden und die Samen entfernen. Die äußeren Fenchelblätter entfernen und die Knolle in Scheiben schneiden. Alle anderen Gemüse in Stücke schneiden und mit dem Fenchel in eine Schüssel geben.

- Die Zehen aus der Knoblauchknolle lösen, aber nicht schälen und zum Gemüse geben. Das Olivenöl zugeben, salzen und alles gut durchmischen.

- Das Gemüse auf einem mit Backpapier belegten Backblech ausbreiten. Die Thymianzweige zugeben und pfeffern. Ungefähr 40 Minuten im Ofen braten (mit einer Messerspitze überprüfen, ob das Gemüse gar ist).

- Für die Zitronensauce: Petersilie und Schnittlauch hacken und in einer Schüssel mit dem Joghurt verrühren. Zitronensaft und Olivenöl zugeben, mit Salz und Pfeffer abschmecken und zu einer glatten Sauce verrühren.

- Das gegrillte Gemüse mit der Sauce servieren.

Tipp: Zu diesem Gemüse schmecken auch andere Saucen, wie beispielbsweise eine Sesamsauce (siehe Rezept S. 14) oder ein Basilikumpesto (siehe Rezept S. 10).

TOFUBURGER MIT FRITTEN UND HAUSGEMACHTEM KETCHUP

ZUBEREITUNGSZEIT: 25 MIN.
GARZEIT: 30 MIN.

Für 4 Burger

- 4 Burgerbrötchen
- ¼ Gurke
- 1 kleine Handvoll Salat
- 1 Tomaten, in Scheiben geschnitten

Für die Tofusteaks

- 200 g fermentierter Tofu, abgetropft
- ½ Bund glatte Petersilie
- 2 EL Miso (Asiashop oder Bioladen)
- 2 EL Tahini (Sesampaste)
- 1 EL Mehl
- 1 Möhre, gerieben
- 1 Schalotte, fein gehackt
- Olivenöl
- Salz, Pfeffer aus der Mühle

Für die Fritten

- 2 Pastinaken
- 1 Süßkartoffel
- Frittieröl

Für das Ketchup

- 1 Schalotte, fein gehackt
- 2 EL Zucker
- 300 ml Tomatencoulis
- 1 TL Tomatenmark
- 1 TL Kapern
- 1 EL Balsamico

- Für das Ketchup: Die Schalotte mit dem Zucker in einen Topf geben und 3 Minuten bei schwacher Hitze dünsten. Die restlichen Zutaten zugeben und 15 Minuten bei schwacher Hitze köcheln. Im Mixer zu einer glatten Sauce pürieren.
- Für die Tofusteaks: Tofu, entstielte Petersilie, Miso, Sesampaste und Mehl in einen Mixer geben und glatt pürieren. In eine Schüssel füllen und mit Salz und Pfeffer abschmecken. Möhre und Schalotte untermischen.
- 4 Steaks aus der Mischung formen. Mit etwas Öl in einer Pfanne von jeder Seite 3 Minuten braten.
- Die Pastinaken und die Süßkartoffel schälen und in Stifte schneiden.
- Das Frittieröl auf 170 °C erhitzen (das Öl muss brutzeln und Blasen werfen, sobald ein Stück Gemüse ins Öl gegeben wird). Das Gemüse (eventuell portionsweise) ins Öl geben und goldbraun frittieren (etwa 5 Minuten). Auf Küchenpapier abtropfen lassen und salzen.
- Die Hamburgerbrötchen halbieren und auf dem Toaster oder unter dem Grill des Backofens rösten. Die Gurke schälen und in Scheiben schneiden.
- Die Salatblätter auf 4 Brötchenhälften legen, mit einem Tofusteak, Tomaten- und Gurkenscheiben belegen. Mit Ketchup bestreichen und mit den restlichen Brötchenhälften bedecken. Sofort mit den Fritten servieren.

GEFÜLLTE KÜRBISSE

ZUBEREITUNGSZEIT: 30 MIN.
GARZEIT: 25 MIN.

Für 4 Personen

- 400 g gemischte Pilze (Pfifferlinge, Totentrompeten, Seitlinge, Champignons)
- 1 Knoblauchzehe
- 1 Schalotte
- ½ Bund glatte Petersilie
- 4 verschiedene kleine Speisekürbisse (z. B. Baby Bear oder Bischofsmütze)
- Salz, Pfeffer aus der Mühle
- Olivenöl
- 4 EL Crème fraîche
- 1 Prise Muskatnuss

- Die Stielenden der Pilze abschneiden. Die Pilze kurz unter kaltem Wasser waschen und je nach Größe halbieren oder vierteln.
- Knoblauch und Schalotte schälen und hacken. Die Petersilie waschen und zupfen.
- Die Kürbisse waschen und so aufschneiden, dass oben ein Deckel entsteht. Die Kürbisse mit Deckel 15 Minuten dampfgaren.
- Die Samen mit einem kleinen Löffel vorsichtig aus den Kürbissen lösen (die Kürbisse dürfen nicht zerbrechen). Von innen leicht salzen.
- Den Backofen auf 210 °C vorheizen.
- Einen Schuss Olivenöl in einer Pfanne erhitzen. Die Pilze mit Knoblauch und Schalotte bei mittlerer Hitze etwa 5 Minuten dünsten. Mit Salz und Pfeffer abschmecken, mit Petersilie bestreuen und 1 weitere Minute dünsten.
- Vom Herd nehmen. Crème fraîche und Muskatnuss unterrühren. Nach Belieben noch einmal mit Salz und Pfeffer abschmecken.
- Die Kürbisse mit der Pilzmischung füllen und den Deckel auflegen. In eine Auflaufform stellen und 10 Minuten im Ofen backen. Die Deckel abnehmen und weitere 3 Minuten unter dem Grill überbacken.

SCHWARZE SPAGHETTI MIT WOKGEMÜSE

ZUBEREITUNGSZEIT: 20 MIN.
GARZEIT: 10 MIN.

Für 4 Personen

- 280 g schwarze Spaghetti (im Bioladen)
- 1 Knoblauchzehe
- 2 Frühlingszwiebeln
- 300 g Brokkoli
- 1 Möhre
- Sonnenblumenöl
- 3 Eier
- 2 EL Sojasauce
- Saft von 1 grünen Zitrone
- ½ EL Agavensirup oder Rohrzucker
- ½ EL Reisessig
- 1 EL Sesam- oder Nussöl
- Salz
- 1 EL Sesamsamen
- 1 oder 2 Prisen Espelettepfeffer

• Die Spaghetti in einem großen Topf mit kochendem Salzwasser nach Packungsanweisung garen und abgießen.

• Den Knoblauch schälen und hacken. Die Zwiebeln schälen und hacken. Die Brokkoliröschen abteilen und je nach Größe halbieren oder dritteln. Die Möhre schälen und in feine Stifte schneiden.

• 1 Schuss Sonnenblumenöl in einem Wok erhitzen. Die Eier in den Wok geben, mit einem Küchenspatel verrühren und zu Rührei braten. Auf einem Teller beiseitestellen. Den Wok auswischen.

• Erneut 1 Schuss Sonnenblumenöl in den Wok geben und den Brokkoli 5 Minuten bei starker Hitze andünsten. Knoblauch, Zwiebeln und Möhrenstifte zugeben und weitere 3 Minuten dünsten. Mit Sojasauce, Zitronensaft, Agavensirup, Reisessig und Sesamöl würzen, alles gut vermischen und weitere 2 Minuten durchziehen lassen. Die Spaghetti zugeben und nach Belieben noch einmal mit Salz abschmecken. Vom Herd nehmen und das Rührei untermischen.

• Die Nudel-Gemüse-Mischung auf eine Servierplatte geben und mit Sesamsamen und Espelettepfeffer bestreuen. Sofort servieren.

NUSSBISKUITKUCHEN

ZUBEREITUNGSZEIT: 10 MIN.
BACKZEIT: 35 MIN.

Für 8–10 Personen

- 150 g Haselnüsse
- 5 Eier
- 80 g Mehl
- 200 g Zucker
- 1½ TL Salz
- 1½ TL Backpulver
- 80 g Haselnusspaste (im Bioladen)
- 130 g Butter, zerlassen

- Den Backofen auf 180 °C vorheizen.
- Die Haselnüsse in einer antihaftbeschichteten Pfanne ohne weiteres Fett 3–4 Minuten rösten, bis sie beginnen, braun zu werden. Im Mixer zu feinem Pulver pürieren.
- Eiweiße und Eigelbe trennen.
- In einer Schüssel Mehl, Nusspulver, Zucker, Salz und Backpulver vermischen.
- Die Haselnusspaste in einer anderen Schüssel mit den Eigelben verrühren. Die zerlassene Butter unterrühren. Über das Mehl gießen und alles zu einem glatten Teig verrühren.
- Die Eiweiße zu Schnee schlagen (nicht zu fest) und vorsichtig unter den Teig heben.
- Eine Kuchenform mit Backpapier auslegen und den Teig hineingeben. 35 Minuten im Ofen backen.

Tipp: Verwenden Sie Halb-Vollkornmehl, um dem Kuchen weitere Nährstoffe hinzuzufügen.

BIRNENCREME MIT HASELNÜSSEN

ZUBEREITUNGSZEIT: 5 MIN.
GARZEIT: 2 MIN.
RUHEZEIT: 1 STD.

Für 4–6 Personen

- 4 Birnen
- 1 EL Haselnusspaste (im Bioladen) oder 2 EL Haselnusspulver
- 2 EL Agavensirup oder Rohrzucker
- 100 ml Milch
- ½ TL Agar-Agar
- 1 EL Haselnusspulver zum Garnieren

- Die Birnen waschen, vierteln (das Kerngehäuse entfernen) und in Würfel schneiden. Mit Haselnusspaste und Agavensirup im Mixer pürieren. Im Mixer ruhen lassen.
- Milch und Agar-Agar in einem Topf verrühren. Unter Rühren aufkochen und 30 Sekunden kochen lassen. Die Mischung in den Mixer geben und mit dem Birnenmus mixen, bis die Mischung cremig ist.
- Die Creme auf einzelne Dessertschalen verteilen und mindestens 1 Stunde in den Kühlschrank stellen, bis die Creme festgeworden ist.
- Mit etwas Nusspulver bestreuen und sofort servieren.

Tipp: Sie können dieses Rezept beliebig variieren: Pfirsich mit Mandeln, Mango mit Kokosnuss, Kiwi mit Cashewkernen ...

FELDSALAT MIT GRAPEFRUIT

ZUBEREITUNGSZEIT: 10 MIN.
KEINE GARZEIT

Für 4 Personen

- 100 g Feldsalat
- 1 rote Grapefruit
- Einige Radieschen
- ½ Avocado
- 1 Handvoll Haselnüsse, geröstet und gehackt

Für das Dressing

- 1 EL Zitronensaft
- 2 EL Olivenöl
- 1 TL Haselnussöl (nach Belieben)
- Salz, Pfeffer aus der Mühle

• Den Feldsalat gründlich waschen und in eine Schüssel geben.

• Die Grapefruit über einem Schälchen schälen (um den Saft aufzufangen). Die Frucht filettieren und zum Feldsalat geben.

• Die Radieschen waschen, entstielen und in dünne Scheiben schneiden. Die Avocado schälen und würfeln. Alles zum Feldsalat geben.

• Die Zutaten für das Dressing in das Schälchen mit dem Grapefruitsaft geben und alles verrühren.

• Den Salat mit dem Dressing anmachen und mit den Haselnüssen bestreuen.

Tipp: Nach Belieben können Sie die Grapefruit auch duch andere Zitrusfrüchte ersetzen: Bluorange, gelbe Grapefruit oder Mandarinen …

SUPPEN DER SAISON

ERBSENSUPPE

ZUBEREITUNGSZEIT: 10 MIN.
GARZEIT: 1 STD.

250 g Erbsen | 1 l Gemüsebrühe (siehe Rezept S. 6) | Salz, Pfeffer aus der Mühle | 50 ml Sahne | Olivenöl

• Die Erbsen in einen Topf geben, die Brühe zugießen und den Deckel auflegen. Aufkochen und 1 Stunde bei schwacher Hitze köcheln. 2 Esslöffel Erbsen und 1 Kelle Brühe aufbewahren. Die restliche Suppe mit Salz und Pfeffer abschmecken, die Sahne zugießen und die Suppe fein pürieren (etwas Brühe zugeben, falls sie zu dick ist). Die Suppe auf 4 Teller verteilen, die ganzen Erbsen zugeben und mit einem Schuss Olivenöl beträufeln.

SPINATCREMESUPPE

ZUBEREITUNGSZEIT: 15 MIN.
GARZEIT: 15 MIN.

600 g frischer Blattspinat (oder 250 g tiefgekühlter) | 2 Kartoffeln, gewürfelt | 800 ml Gemüsebrühe (siehe Rezept S. 6) | Salz, Pfeffer | 2 EL Frischkäse | Sahne zum Garnieren (nach Belieben)

• Den frischen Salat waschen und die dicken Stiele entfernen. Die Kartoffeln in einen großen Topf geben. Die Brühe zugießen, salzen, pfeffern und aufkochen. Nach und nach den Spinat zugeben und 15 Minuten bei schwacher Hitze köcheln. 1 Kelle Brühe aufbewahren. Die Suppe pfeffern und mit dem Frischkäse fein pürieren (etwas Brühe zugeben, falls sie zu dick ist). Auf 4 Teller verteilen und mit Sahne garnieren.

SELLERIECREMESUPPE

ZUBEREITUNGSZEIT: 10 MIN.
GARZEIT: 15 MIN.

½ Zwiebel, gehackt | 1 Schuss Olivenöl | 500 g Knollensellerie, gewürfelt | 1 kleine Kartoffel, gewürfelt | 1 l Gemüsebrühe (siehe Rezept S. 6) | Salz, Pfeffer aus der Mühle | 50 ml Sahne | Einige Schnittlauchhalme, gehackt | Espelettepfeffer

- Die Zwiebel mit dem Olivenöl 1 Minute bei mittlerer Hitze dünsten. Das Gemüse zugeben, mit der Brühe übergießen und salzen. 15 Minuten leise köcheln. 1 Kelle Brühe aufbewahren. Die Sahne zur Suppe gießen und pürieren (etwas Brühe zugeben, falls sie zu dick ist). Auf 4 Teller verteilen. Mit Pfeffer, Schnittlauch und Espelettepfeffer bestreuen.

MAIS-CAPPUCCINO

ZUBEREITUNGSZEIT: 15 MIN.
GARZEIT: 15 MIN.

1 Schalotte, gehackt | 1 Schuss Olivenöl | 800 ml Gemüsebrühe (siehe Rezept S. 6) | Salz, Pfeffer aus der Mühle | 1 große Dose Mais, abgetropft | 1 kleine Kartoffel gewürfelt | 500 ml sehr kalte Sahne | Espelettepfeffer (nach Belieben)

- Die Schalotte mit dem Olivenöl 3 Minuten bei mittlerer Hitze dünsten. Kartoffel und Mais zugeben und 3 Minuten durchziehen. Die Brühe zugießen und salzen. 15 Minuten leise köcheln. 1 Kelle Brühe aufbewahren. Die Suppe pfeffern und fein pürieren (etwas Brühe zugeben, falls sie zu dick ist). Die Sahne steif schlagen, salzen und pfeffern. Die Suppe auf 4 Teller verteilen, mit der Sahne garnieren und mit Espelettepfeffer bestreuen.

KÜRBISSUPPE MIT KORIANDERPESTO

ZUBEREITUNGSZEIT: 5 MIN.
GARZEIT: 15 MIN.

1 kleiner Kürbis (etwa 500 g), gewürfelt | 800 ml Gemüsebrühe (siehe Rezept S. 6) | Salz, Pfeffer aus der Mühle | Olivenöl | 4 TL Korianderpesto (siehe Rezept S. 10)

• Die Kürbiswürfel in einen Topf geben, die Brühe zugießen und salzen. Aufkochen und 15 Minuten bei schwacher Hitze köcheln. 1 Kelle Brühe aufbewahren. Die Suppe mit Pfeffer abschmecken und fein pürieren (etwas Brühe zugeben, falls sie zu dick ist). Die Suppe auf 4 Teller verteilen. Mit 1 Schuss Olivenöl beträufeln und mit je 1 Teelöffel Korianderpesto garnieren.

LINSEN-KOKOS-CREME

ZUBEREITUNGSZEIT: 10 MIN.
GARZEIT: 20 MIN.

150 g rote Linsen | ½ Zwiebel, gehackt | Sonnenblumenöl | 300 ml Kokosmilch | Salz, Pfeffer aus der Mühle | 1 Schalotte, gehackt | Ingwerpulver

• Die Linsen waschen. Die Zwiebel mit 1 Schuss Öl 3 Minuten bei mittlerer Hitze dünsten. Linsen, Kokosmilch und 500 ml Wasser zugeben. Aufkochen und salzen. Abdecken und 20 Minuten bei schwacher Hitze köcheln. 1 Kelle Brühe aufbewahren. Die Suppe fein pürieren (etwas Brühe zugeben, falls sie zu dick ist). Die Schalotte mit 2 Esslöffeln Öl in einer Pfanne goldbraun frittieren und auf Küchenpapier abtropfen lassen. Die Suppe auf 4 Teller verteilen. Mit den frittierten Schalotten garnieren, mit Pfeffer und Ingwerpulver bestreuen.

ROTE-BETE-CREMESUPPE

ZUBEREITUNGSZEIT: 10 MIN.
GARZEIT: 15 MIN.

500 g Knollensellerie, gewürfelt | 1 kleine Kartoffel, gewürfelt | ½ Zwiebel, gehackt | 1 l Gemüsebrühe (siehe Rezept S. 6) | 500 ml Sahne | Salz, Pfeffer aus der Mühle | 4 TL Rucolapesto (siehe Rezept S. 10)

- Das Gemüse in einen Topf geben. Mit der Brühe übergießen, aufkochen und bei schwacher Hitze 10 Minuten köcheln. Die Sahne zugießen und mit Salz und Pfeffer abschmecken. Erneut aufkochen und 5 Minuten köcheln. 1 Kelle Brühe aufbewahren. Die Suppe mit Pfeffer abschmecken und fein pürieren (etwas Brühe zugeben, falls sie zu dick ist). Die Suppe auf 4 Teller verteilen und mit je 1 Teelöffel Rucolapesto garnieren.

ZITRUSBRÜHE

ZUBEREITUNGSZEIT: 10 MIN.
GARZEIT: 20 MIN.

1 Schuss Olivenöl | 1 Möhre, gehackt | 1 weiße Rübe, gehackt | 1 Lauchstange, in Stücke geschnitten | 6 Blätter Wirsing, gehackt | 1 Bund Kräuter (Lorbeer, Thymian und Rosmarin) | 1 TL Koriandersamen | Salz, Pfeffer aus der Mühle | Saft von ½ Zitrone | Saft von ¼ Orange | Einige Stängel Kerbel

- Das Olivenöl in einem Topf erhitzen und das Gemüse 3 Minuten bei mittlerer Hitze dünsten. 1 Liter Wasser zugießen. Kräuterbund und Koriandersamen zugeben und salzen. Aufkochen und 20 Minuten bei schwacher Hitze köcheln. Kräuterbund herausheben. Zitronen- und Orangensaft zugießen und mit Pfeffer abschmecken. Gemüse und Brühe auf 4 Teller verteilen und mit dem Kerbel garnieren.

QUINOA-TIMBALE MIT ROTKOHL & MANDELN

ZUBEREITUNGSZEIT: 15 MIN.
GARZEIT: 20 MIN.
RUHEZEIT: 10 MIN.

Für 4 Personen

- 200 g Quinoa
- 30 g gehobelte Mandeln
- 1 Schalotte
- 1 Bund glatte Petersilie
- 1 Zitronenkonfit
- ½ Rotkohl
- 2 EL Olivenöl
- Salz, Pfeffer aus der Mühle
- Saft von 1 Zitrone

• Das Quinoa waschen und in einen Topf geben. Mit kaltem Wasser bedecken (1,5-fache Menge), aufkochen und 15 Minuten bei schwacher Hitze köcheln. Salzen und 10 Minuten abgedeckt ruhen lassen.

• Die Mandeln in einer antihaftbeschichteten Pfanne ohne weiteres Fett bei schwacher Hitze goldbraun rösten, dabei ständig rühren. Auf einem Teller beiseitestellen.

• Die Schalotte schälen und hacken. Die Petersilie hacken. Das Zitronenkonfit fein würfeln. Den Rotkohl fein hacken.

• Etwas Öl in einer Pfanne erhitzen. Rotkohl und Schalotte 3 Minuten bei starker Hitze dünsten. Das Zitronenkonfit zugeben und salzen. Weitere 2 Minuten dünsten. Mit Petersilie bestreuen und mit Pfeffer abschmecken.

• Quinoa und Rotkohl in einer Servierschüssel mit Zitronensaft und dem restlichen Olivenöl vermischen. Nach Belieben noch einmal mit Salz und Pfeffer abschmecken. Mit den gerösteten Mandeln bestreuen und sofort servieren.

Tipp: Denken Sie daran, das Quinoa vor dem Kochen sorgfältig zu wässern. Die Körner sind von einem natürlichen Insektizid umgeben, das beim Kochen einen bitteren Geschmack freisetzt.

PASTINAKENRÖSTI MIT DILLCREME

ZUBEREITUNGSZEIT: 10 MIN.
GARZEIT: 6 MIN.

Für 4 Personen

- 2 Pastinaken (ungefähr 300 g)
- 1 Möhre
- 1 Zwiebel
- 3 Eier
- 1 EL Mehl
- Olivenöl
- 1 große Handvoll Feldsalat
- Salz, Pfeffer aus der Mühle

Für die Dillcreme

- 6 EL Crème fraîche
- 3 EL Dill, gehackt
- 1½ EL Zitronensaft
- Einige rote Beeren, gehackt
- 1 Schuss Olivenöl
- Salz, Pfeffer aus der Mühle

- Alle Zutaten für die Dillcreme in einer Schüssel verrühren und in den Kühlschrank stellen.
- Pastinaken und Möhre schälen und reiben. Die Zwiebel schälen und hacken.
- Die Eier in einer Schüssel verquirlen. Geriebenes Gemüse, Zwiebel und Mehl zugeben. Mit Salz und Pfeffer abschmecken und alles gleichmäßig vermischen.
- Etwas Olivenöl in einer Pfanne erhitzen. 1 großen Esslöffel der Pastinakenmischung in die Pfanne geben und mit dem Löffelrücken zu einem Rösti flachdrücken. Mit der restlichen Masse ebenso verfahren. Die Rösti von jeder Seite 3 Minuten braten.
- Den Feldsalat gründlich waschen und auf einzelnen Tellern auslegen. Die Rösti darauf verteilen und mit der Dillcreme servieren.

Tipp: Sie können die Dillcreme auch durch eine Joghurt-Minz-Sauce (siehe Rezept S. 14) ersetzen.

BROKKOLI-MISO-KUCHEN

ZUBEREITUNGSZEIT: 25 MIN.
BACKZEIT: 40 MIN.

Für 1 Kuchen

- 1 kleiner Brokkoli (etwa 200 g)
- 100 ml Olivenöl + 1 EL zum Braten
- Salz, Pfeffer aus der Mühle
- 200 g Reismehl (Halb-Vollkorn) oder Weizenmehl
- 1 Päckchen Backpulver
- 2 gestrichene EL Miso
- 4 EL Milch
- 2 Eier
- Butter für die Form

- Den Backofen auf 180 °C vorheizen.
- Den Brokkoli waschen und die Röschen ablösen. Je nach Größe halbieren oder vierteln, Die Brokkoliröschen mit 1 Esslöffel Olivenöl in eine Pfanne geben und bei mittlerer Hitze 8 – 10 Minuten dünsten. Salzen.
- Mehl und Backpulver in einer Schüssel vermischen.
- In einer zweiten Schüssel das Miso mit etwas Milch verrühren. Die restliche Milch, Eier und Olivenöl zugeben. Alles kräftig verrühren, über das Mehl gießen und zu einem glatten Teig verarbeiten.
- Die gebratenen Brokkoliröschen untermischen und pfeffern.
- Den Teig in eine gebutterte oder mit Backpapier ausgelegte Kuchenform füllen und 40 Minuten im Ofen backen.

Tipp: Das Miso ist sehr salzig, daher sollten Sie die angegebene Menge nicht überschreiten und das Gemüse nur moderat salzen.

MÖHREN-NUSS-KUCHEN

ZUBEREITUNGSZEIT: 10 MIN.
BACKZEIT: 40 MIN.

Für 1 Kuchen

- 60 g Nusskerne
- 80 g Vollkorn-Reismehl oder Weizenmehl
- 1 TL Zimtpulver
- 1 Prise Muskatnuss
- 1 TL Backpulver
- ½ TL Salz
- 2 Eier
- 90 g Zucker
- 250 g Möhren, gerieben (etwa 3 kleine Möhren)
- 70 ml Olivenöl

• Den Backofen auf 180 °C vorheizen.

• Die Nusskerne in einer antihaftbeschichteten Pfanne ohne weiteres Fett 3–4 Minuten bei schwacher Hitze rösten und hacken.

• Das Mehl in einer Schüssel mit den gehackten Nüssen, Zimt, Muskatnuss, Backpulver und Salz vermischen.

• Eier und Zucker in einer anderen Schüssel schaumig schlagen. Die geriebenen Möhren und das Olivenöl unterrühren. Über die Mehlmischung gießen und alles zu einem glatten Teig verrühren.

• Den Teig in eine mit Backpapier ausgelegte Kuchenform füllen und 40 Minuten im Ofen backen. Auf ein Kuchenrost stürzen und abkühlen lassen.

Tipp: Versuchen Sie einmal, die Möhren durch Zucchini zu ersetzen. So wird dieser Kuchen zu einem köstlichen und sehr überraschenden Dessert!

BRATÄPFEL MIT MANDELN

ZUBEREITUNGSZEIT: 10 MIN.
GARZEIT: 45 MIN.

Für 4 Personen

- 4 Äpfel
- 30 g gemahlene Mandeln
- 80 ml Sahne
- 2 EL Zucker
- 2 EL Apfelmus
- 1 EL gehobelte Mandeln

- Den Backofen auf 180 °C vorheizen.
- Die Äpfel waschen und den oberen Teil abschneiden. Er dient als Deckel.
- Das Kerngehäuse mit einem Kugelausstecher oder einem kleinen Löffel aus den Äpfeln lösen.
- Die gemahlenen Mandeln in einer kleinen Schüssel mit Sahne, Zucker und Apfelmus verrühren.
- Die Äpfel zur Hälfte mit der Mandelsahne füllen.
- Die Äpfel in eine Auflaufform stellen und die Deckel auflegen. 30 Minuten im Ofen braten. Die Deckel abnehmen und neben die Äpfel legen. Die restliche Mandelsahne auf den Äpfeln verteilen und mit den gehobelten Mandeln bestreuen. Weitere 15 Minuten braten. Die Äpfel heiß oder lauwarm servieren.

Tipp: Dieses Rezept ist einfach nachzukochen und das Resultat ist köstlich cremig. Wenn Sie sehen, dass die Sahne zu schnell austrocknet, bedecken Sie die Auflaufform für die restliche Backzeit mit Alufolie.

MOUSSE AU CHOCOLAT LIGHT

ZUBEREITUNGSZEIT: 5 MIN.
GARZEIT: 5 MIN.
RUHEZEIT: 10 MIN.
KÜHLZEIT: 5 STD.

Für 4 Personen

- 200 g weicher Tofu
- 120 g dunkle Blockschokolade
- 2 EL Agavensirup (im Bioladen) oder Rohrzucker
- 1 EL Haselnusspaste (im Bioladen, nach Belieben)
- 10 g Haselnüsse, geröstet und gehackt

- Den Tofu ungefähr 10 Minuten in einem Sieb abtropfen lassen.
- Die Schokolade hacken und im Wasserbad schmelzen.
- Agavensirup, Haselnusspaste und Tofu mit der geschmolzenen Schokolade verrühren. Einige Minuten mixen, bis die Mischung sehr cremig ist.
- Die Schokoladenmasse auf 4 Dessertschalen verteilen. Mindestens 5 Stunden kalt stellen (1 Stunde vor dem Servieren aus dem Kühlschrank nehmen).
- Die Mousse vor dem Servieren mit den gehackten Nüssen garnieren.

DANKSAGUNGEN

- Danke an Aurélie, die mir ihr Vertrauen in dieses neue Buch schenkte, an Patrice für seine Zusammenarbeit von Anfang an (gut, das Buch auf dem Grill erwähne ich jetzt nicht) und an Cyril für seine Hilfe.
- Laure
- Allen Autoren bei www.laurekie.com

MENGENANGABEN

Flüssigkeiten	Metrisches System	Amerikanisches System	Andere Schreibweise
	5 ml	1 Teelöffel	
	15 ml	1 Esslöffel	
	35 ml	1/8 Tasse	1 oz (oder once)
	65 ml	1/4 Tasse oder 1/4 Glas	2 oz
	125 ml	1/2 Tasse oder 1/2 Glas	4 oz
	250 ml	1 Tasse oder 1 Glas	8 oz
	500 ml	2 Tassen	
	1 l	4 Tassen	

Gewichtseinheiten	Metrisches System	Amerikanisches System	Andere Schreibweise
	30 g	1 oz	
	55 g	1/8 lbs	2 oz
	115 g	1/4 lbs	4 oz
	170 g	3/8 lbs	6 oz
	225 g	1/2 lbs	8 oz
	454 g	1 lbs	16 oz

Temperatur	Wärme	°C	Thermostat	°F
	Gering	70 °C	2–3	150 °F
	Warm	100 °C	3–4	200 °F
		120 °C	4	250 °F
	Mittel	150 °C	5	300 °F
		180 °C	6	350 °F
	Heiß	200 °C	6–7	400 °F
		230 °C	7–8	450 °F
	Sehr heiß	260 °C	8–9	500 °F

Übersetzung aus dem Französischen: Annette Mader
Lektorat/Redaktion: Christoph Eiden
Satz und Produktion: ce redaktionsbüro
Umschlaggestaltung: Roman Bold & Black, Köln

Gesamtherstellung: Tandem Verlag GmbH, Potsdam

ISBN: 978-3-8427-1517-2

Légumes
Fruits
Only"

IN DER GLEICHEN AUSSTATTUNG ERSCHIENEN

EINFACH LECKER